La Misión de Santa Cruz

SOFIA NUÑES

TRADUCIDO POR CHRISTINA GREEN

Cavendish
Square

New York

Published in 2016 by Cavendish Square Publishing, LLC
243 5th Avenue, Suite 136, New York, NY 10016

Website: cavendishsq.com

This publication represents the opinions and views of the author based on his or her personal experience, knowledge, and research. The information
in this book serves as a general guide only. The author and publisher have used their best efforts in preparing this book and disclaim liability rising
directly or indirectly from the use and application of this book.

CPSIA Compliance Information: Batch #WS14CSQ

All websites were available and accurate when this book was sent to press.

Library of Congress Cataloging-in-Publication Data

Nuñes, Sofia.
La Misión de Santa Cruz / Sofia Nuñes, translated by Christina Green.
pages cm. — (Las misiones de California)
Includes index.
ISBN 978-1-5026-1176-5 (hardcover) ISBN 978-1-5026-1191-8 (paperback) ISBN 978-1-5026-1175-8 (ebook)
1. Santa Cruz Mission—History—Juvenile literature. 2. Spanish mission buildings—California—Santa Cruz—History—Juvenile literature. 3. Franciscans—
California—Santa Cruz—History—Juvenile literature. 4. Ohlone Indians—Missions—California—Santa Cruz—History—Juvenile literature. 5. California—
History—To 1846—Juvenile literature. 6. Santa Cruz (Calif.)—History—Juvenile literature. I. Title.

F869.S48O88 2014
979.4'71—dc23

Editorial Director, Spanish: Nathalie Beullens-Maoui
Translator: Christina Green
Editor, Spanish: Maria Cristina Brusca
Art Director: Jeffrey Talbot
Designer: Douglas Brooks
Photo Researcher: J8 Media
Production Manager: Jennifer Ryder-Talbot
Production Editor: David McNamara

Printed in the United States of America

Contenido

La Misión de Santa Cruz es recordada hoy por su iglesia y algunas de sus otras edificaciones.

1
Los españoles expanden su imperio

MISIÓN DE SANTA CRUZ

La activa ciudad de Santa Cruz es, en la actualidad, el hogar de más de 60,000 personas que tienen acceso a colegios, bibliotecas, tiendas y parques. Santa Cruz también alberga algo, que podría perderse, algo que constituye una parte importante de su rica y emocionante historia.

En Mission Hill, a tan solo algunas cuadras del centro, se yergue una pequeño edificio de un solo piso. Su apariencia no es muy elaborada. Las paredes son blancas y el techo es rojo. No hay nada que deje entrever el papel que desempeñó este edificio en los inicios de la ciudad de Santa Cruz, ni tampoco el lugar que ocupa en la historia del estado de California. Esta modesta estructura es la última edificación que queda de la Misión de Santa Cruz.

COLÓN LLEGA A LAS AMÉRICAS

Cristóbal Colón regresó a España con oro, animales y especias; también llevó a algunos indígenas que había tomado cautivos. Llegaba de su travesía, realizada en 1492, por la región del Caribe. Colón creía haber llegado a las Indias; pero realmente había llegado a un continente, que luego se conoció como el Nuevo Mundo (América del Norte, América

Exploradores españoles, como Hernán Cortés, llegaron al Nuevo Mundo y reivindicaron las tierras para España.

del Sur y América Central). Las riquezas despertaron el interés de los españoles por explorar esas tierras. Esperaban hallar oro, grandes ciudades y una ruta comercial más expedita a Asia; en donde podrían comprar sedas y especias para venderlas a precios más altos en Europa.

En 1519, un soldado y explorador español, llamado Hernán Cortés, desembarcó con soldados, armas y caballos en las tierras que ahora se conocen como México. Allí, en 1521, conquistó el gran Imperio azteca para España; y bautizó esa tierra como **Nueva España**. Estableció un gobierno encabezado por un **virrey**, quien gobernaba en nombre del rey de España. En 1542, Antonio de Mendoza, el virrey de Nueva España, envió una expedición por mar al mando del explorador Juan Rodríguez Cabrillo. Debía llegar hasta la costa de California en busca de un río que comunicara los océanos Atlántico y Pacífico; y también reivindicar las tierras para España.

Cabrillo halló una bahía, que en la actualidad es la bahía de San Diego. Cabrillo falleció en la expedición después de una caída que sufrió en la isla San Miguel; pero su tripulación continuó hacia el norte e hizo los primeros mapas de la costa de California. Debido a que no hallaron el río ni las riquezas, el virrey decidió no enviar más barcos a esa región. Los españoles no regresaron por 160 años a la región que llamaron **Alta California**. *Baja* California es una larga península que ahora forma parte de México.

2
Los
ohlone

LA TIERRA DE LA ABUNDANCIA

Cuando los españoles llegaron a lo que hoy se llama Santa Cruz, la zona estaba cubierta de colinas, praderas, pantanos, playas, y bosques de altos robles y secoyas. En toda la zona habitaban muchas tribus de **indígenas** (nativos nacidos en una región o un ambiente determinado); pero pocas tribus hablaban el mismo idioma. Los españoles los llamaron *costeños,* o "gente de la costa". Recientemente estas tribus han decidido hacerse conocer, en conjunto, como los *ohlone.*

Al igual que la mayoría de los indígenas de California, los *ohlone* vivían de la caza, la pesca y la recolección. Los bosques estaban llenos de bellotas, un alimento básico de la dieta de los *ohlone.* Las bellotas se molían con dos piedras y se hacía harina; luego se lavaba para hacerla comestible y se hervía hasta hacer una sopa espesa; o se usaba para hacer pan.

Las mujeres *ohlone* recolectaban frutas y vegetales, mientras que los hombres cazaban aves y otros animales. Buscaban también su alimento en el océano Pacífico y en los ríos cercanos.

Los *ohlone* eran nómadas, ya que se desplazaban hasta una fuente de alimentos que estuviese en temporada. Debido a que iban de un lugar a otro con mucha frecuencia, construían viviendas que debían durar solo períodos cortos.

Los *ohlone* vivían en aldeas y construían viviendas de árboles y cañas que crecían en los alrededores.

Para ello, los *ohlone* clavaban grandes ramas de sauce en la tierra y las ataban por el extremo superior para formar un domo. Luego, entrelazaban otras ramas por los lados para hacer las paredes. Se dejaba un pequeño orificio en el techo, para permitir que saliera el humo de la pequeña hoguera que se usaba para cocinar.

Los hombres y los niños de las tribus *ohlone* andaban desnudos o usaban poca ropa en los meses cálidos, mientras que las mujeres y niñas usaban faldas decoradas. Cuando hacía frío, todos se vestían con capas de piel de venado, conejo o foca.

Los hombres y mujeres *ohlone* usaban zarcillos y llevaban en la nariz aros hechos de conchas; los collares que usaban eran de conchas y plumas. Llevaban el cabello recogido en alto y se pintaban líneas y puntos en la cara.

LOS TRABAJOS DE LOS NATIVOS

El comercio era importante para las tribus *ohlone*, ya que les permitía obtener cosas que no podían hallar en su zona. Por ejemplo, una tribu

que habitaba en el interior de los bosques podía cambiar piñas de pinos por conchas o sal, con las tribus que vivían cerca del océano. También intercambiaban, entre otros artículos, cuentas hechas de conchas, puntas de flecha, madera dura para hacer armas y tintes para hacer pinturas. El comerciante era una figura tan importante que, cuando llegaba a las diferentes aldeas para comerciar, se lo recibía con ceremonias y canciones.

Otro oficio importante para los *ohlone* era la cestería; usaban las cestas para cocinar, acarrear agua y recolectar alimentos. Las mujeres *ohlone* usaban palos y paja para fabricar sus cestas, y frecuentemente las decoraban con conchas y cuentas. Los *ohlone* consideraban que la cestería era una forma de arte.

CREENCIAS Y PRÁCTICAS

Se conoce poco sobre las prácticas religiosas de los *ohlone*, porque no las registraban por escrito, sino que las pasaban oralmente de una generación a otra; sin embargo, los historiadores saben que cada

Los ohlone fabricaban cestas excepcionales para ayudar a acarrear objetos y agua a lugares distantes.

tribu tenía un chamán, es decir, un líder espiritual de la comunidad indígena. Se creía que un **chamán** curaba las enfermedades mediante el baile, la oración y sus propios medicamentos.

Los *ohlone* creían que los espíritus habitaban en todas las cosas que los rodeaban, incluso en los animales, los árboles y la tierra; y deseaban vivir en paz con estos espíritus. Las tribus *ohlone* se organizaban en aldeas, que podían albergar desde 50 hasta 500 habitantes. Las familias formaban grupos llamados clanes, cada uno de los cuales tenía sus propios espíritus de animales, que los miembros del clan nunca cazaban ni comían.

La danza y la música eran importantes dentro de la religión y la cultura *ohlone*. Tocaban silbatos, flautas y matracas hechos a mano. Celebraban los nacimientos, muertes, bodas, cacerías y los días religiosos con música y baile. Los *ohlone* creían que si respetaban y celebraban lo que tomaban de la naturaleza, esta sería benévola a cambio.

3
El sistema de misiones

OBLIGADOS A ACTUAR

Los españoles regresaron a Alta California cuando los rusos y los británicos comenzaron a poblar la zona. Querían asegurarse de que la región siempre perteneciera a España; así que el 7 de enero de 1769, el primero de los tres barcos que llevaban insumos zarpó hacia la bahía que Cabrillo había hallado en Alta California. Cuatro meses más tarde, el 15 de mayo, un grupo de hombres viajó a caballo para encontrarse con los barcos. La expedición de 715 millas (1,150 km) comenzó en la Misión de Santa María de Baja California y pasó por varias zonas desérticas.

De sus guerras contra los aztecas y los mayas, los españoles habían aprendido que era mejor tratar de entenderse con los nativos que pelear con ellos. Querían **convertir** a los indígenas de América al **cristianismo** y enseñarles la cultura española, que ellos consideraban superior. También idearon un plan para colonizar Alta California que era diferente a las estrategias empleadas en otras regiones. En lugar de traer pobladores para **colonizar** la zona, esperaban que los nativos americanos aprendieran a trabajar la tierra y se hicieran ciudadanos de España; aunque esto nunca llegó a suceder.

Para tal fin, los españoles establecieron misiones. Los españoles eran católicos y cuando colonizaron Alta California trajeron **misioneros** de la orden **franciscana**, llamados **frailes**. Aunque los líderes españoles deseaban construir misiones para reclamar más tierras para España, los frailes fundaron las misiones para ayudar a los indígenas. Los católicos consideraban que aquellos que no creyeran en el cristianismo no irían al cielo. Los frailes se hicieron misioneros porque deseaban inculcar el cristianismo en las personas para que pudiesen ir al cielo.

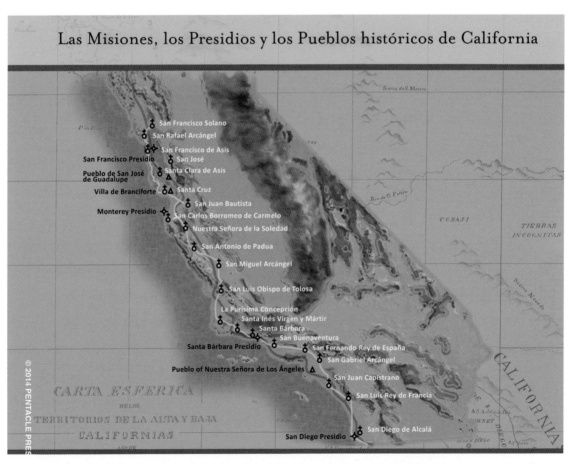

Las veintiuna misiones dispuestas a lo largo de la costa de California y conectadas por El Camino Real (señalado por la línea amarilla en el mapa). También se establecieron cuatro presidios.

PADRE FUNDADOR

Entre los hombres que emprendieron el viaje por tierra para encontrarse con los barcos que llevaban los insumos había un fraile, de cincuenta y cinco años, llamado Junípero Serra. Fray Serra había enseñado filosofía en la isla de Mallorca, cerca de España, antes de que los franciscanos lo enviaran a Nueva España en 1751. Era un sacerdote devoto que convirtió a muchos nativos americanos al cristianismo.

Como reconocimiento a sus logros, fray Serra fue escogido primer presidente de las misiones de Alta California, que se construirían a lo largo de la costa del Pacífico.

Fray Serra fundó nueve misiones en Alta California, antes de morir en 1784. Después de su muerte, fray Fermín Francisco de Lasuén asumió la presidencia de esas misiones y fue el fundador de la Misión de la Santa Cruz.

En total, se establecieron veintiuna misiones entre julio de 1769 y julio de 1823.

Fray Junípero Serra fue el primer líder del sistema de misiones de Alta California.

4
Inicios de la Misión de Santa Cruz

SANTA CRUZ

En el siglo XVIII, la zona atravesada por el río San Lorenzo era hermosa y exuberante. Los sicomoros, álamos y sauces formaban hileras a lo largo de las riberas del río y en las proximidades había mucha hierba y bosques. La tierra era fértil y muchas aldeas *ohlone* se encontraban cerca de allí.

En 1790, el virrey de Nueva España le pidió a fray Lasuén que fundara una misión en esa zona. El virrey le dio a fray Lasuén 1,000 pesos para comprar insumos y le entregó 400 pesos más para cubrir los gastos del viaje de los dos frailes que vivirían en la misión.

El 28 de agosto de 1791, fray Lasuén roció con agua bendita el lugar escogido y le dio a la duodécima misión el nombre de Santa Cruz. Al igual que en todas las otras misiones, se colocó en la tierra una cruz de madera y se celebró una **misa**. Acompañaban a fray Lasuén seis soldados del **presidio** de San Francisco. Los presidios eran fuertes militares que se construyeron a lo largo de la costa del Pacífico.

Varios indígenas *ohlone* de aldeas cercanas asistieron a la ceremonia de fundación. Fray Lasuén le escribió al virrey que estaba satisfecho con el número de *ohlone* que habían asistido; y que pensaba que muchos de ellos estarían complacidos de unirse a la misión. Con esto, la Misión de Santa Cruz se fundó oficialmente. Sin embargo, solo unas semanas antes, lo único que allí había era una cruz de madera.

El 24 de septiembre de 1791, los neófitos de la Misión de Santa Clara de Asís acudieron a la Misión de Santa Cruz para ayudar a construir chozas provisionales. Los dos frailes que vivirían allí, fray Isidro Alonzo Salazar y fray Baldomero López, celebraron otra ceremonia de fundación, que fue más formal y contó con un número mayor de asistentes. El jefe de una aldea próxima, el cacique Sugert, asistió a la ceremonia con sus hijas y algunos miembros de su tribu. Serían los primeros *ohlone* en convertirse al cristianismo. Los españoles llamaban neófitos a los nativos americanos recién convertidos. Neófito es una palabra, de origen griego, que significa "nuevo converso".

Existen varias teorías que explican los motivos que tenían los nativos *ohlone* para unirse a las misiones, como la Misión de Santa Cruz, y convertirse en **neófitos**. Algunos siguieron a sus jefes cuando estos se convirtieron al cristianismo. Otros, pueden haberse sentido atraídos por los objetos materiales de los españoles, como las ropas y los objetos hechos de metal. Y tal vez, otros se acercaron por el conocimiento y las destrezas de los españoles. Quizás esperaban contar con un aliado poderoso que sería de utilidad en las batallas que libraban contra otras tribus. Las destrezas de los españoles, como su dominio sobre los caballos, implicaban que tenían poderes sobrenaturales.

Después de que los dos frailes celebraron la misa, el jefe del presidio de San Francisco pronunció un discurso reivindicando las tierras para España. Por último, los soldados dispararon sus armas al aire; y con ello finalizó la ceremonia de fundación de la misión. Los frailes les pidieron a los *ohlone* que los ayudaran a construir viviendas provisionales; y les prometieron pagarles con mantas y maíz. Las viviendas se levantaron rápidamente.

UN BUEN INICIO

Las actividades en la Misión de la Santa Cruz comenzaron sin inconvenientes. Se trajeron animales, granos y otros insumos desde las misiones cercanas para que pudiesen comenzar a trabajar la tierra. Los frailes celebraron su primer **bautismo**, ceremonia que inicia a una persona en el cristianismo, el 9 de octubre de 1791.

Unos meses después, el río San Lorenzo se desbordó y las edificaciones de la Misión de la Santa Cruz sufrieron daños. En lugar de repararlas, los frailes decidieron hacer otra construcción en un terreno más alto, ya que temían que la misión pudiese inundarse de nuevo. Así

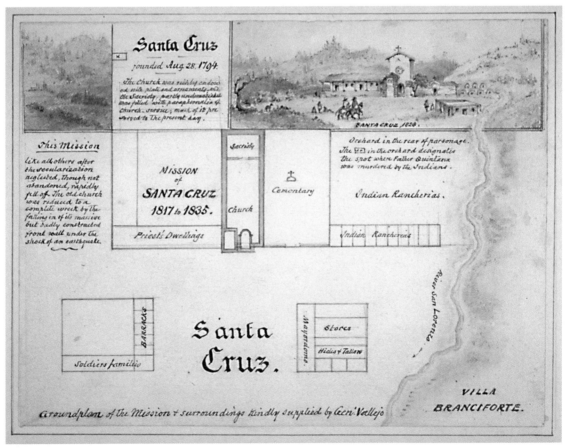

Esta planta de la misión, dibujada alrededor de 1830, ilustra cómo era la misión en ese entonces.

que tuvieron que construirse nuevas viviendas provisionales.

Aunque la misión presentaba algunos problemas, aún había indígenas que querían unirse. En diciembre de 1791, los frailes habían bautizado a diecinueve adultos y sesenta y ocho niños. Los *ohlone* habían construido viviendas provisionales para los frailes y una iglesia temporal. La agricultura también había rendido sus frutos, mantenían cercado el ganado y habían sembrado un huerto.

Una vez que lo esencial se había definido en la misión, los *ohlone* comenzaron a construir la iglesia permanente. Los soldados les enseñaron a hacer ladrillos de adobe con agua, lodo y paja; y a empacar esta mezcla en moldes rectangulares para luego dejarlos secar al sol. Una vez secos, los ladrillos se retiraban de los moldes y se almacenaban.

El 27 de febrero de 1793, se colocó la piedra angular de la iglesia definitiva; y un año más tarde estaba casi terminada. Los *ohlone* que la construyeron trabajaron arduamente haciendo los cimientos de piedra y las paredes de ladrillos de adobe, que habían fabricado antes. La iglesia terminada medía 29 pies (7.6 m) de ancho, 112 pies (34.1 m) de largo y 25 pies (8.8 m) de altura. El 10 de mayo de 1794, la Misión de la Santa Cruz fue inaugurada; y se celebró la primera misa al día siguiente.

5
Los primeros días en la Misión de Santa Cruz

SURGEN LOS PROBLEMAS

El inicio exitoso de la Misión de Santa Cruz no dio indicios de que vendrían problemas. Al principio muchos indígenas se convirtieron al cristianismo. En los primeros tres meses, había ochenta y siete neófitos en la misión; y para 1796, ya había 523. En los seis años que siguieron a su fundación, la misión ya tenía terminado el patio interior y contaba con talleres y un granero.

La misión era muy productiva, pero no todo andaba bien. Desde su fundación, varios frailes habían llegado a vivir allí para hacer su trabajo misionero; sin embargo se sintieron insatisfechos, y se marcharon después de un año o poco más. Según parece, tampoco los *ohlone* estaban contentos en la misión. En 1796, uno de los frailes escribió al presidio de San Francisco solicitando más soldados, para que protegieran la misión de la amenaza de ataques de los nativos. Sin embargo, estos ataques no eran comunes, porque los indígenas de Alta California eran mayoritariamente pacíficos.

INVITADOS INOPORTUNOS

Los problemas empeoraron después de que el gobernador de Alta

Los exploradores españoles viajaron a lo largo del nuevo territorio de California.

California decidiera fundar un pueblo, o población, justo al otro lado del río, frente a la Misión de la Santa Cruz. El objetivo de esta fundación era instalar más pobladores españoles en la zona. El pueblo fue el primero de los tres construidos en Alta California por España. Los otros dos pueblos fueron San José y Los Ángeles. Alrededor de 1830, México estableció un cuarto pueblo, en Sonoma.

Los pueblos fueron diseñados como comunidades agrícolas; y debían abastecer de alimentos a los presidios. Muchos de los alimentos sembrados en la zona eran enviados a lo que ahora es México.

El 12 de mayo de 1797, llegaron diecisiete pobladores de Nueva España; y se creó el pueblo llamado Villa de Branciforte. Estos primeros pobladores eran delincuentes, a quienes les dieron la posibilidad de elegir entre poblar la Villa de Branciforte o ir a la cárcel. Al año siguiente, llegaron al pueblo más pobladores españoles; quienes se veían atraídos por la promesa de una vivienda; pero estas casas nunca se construyeron. En septiembre de 1799, vivían cuarenta hombres en Villa de Branciforte.

El gobernador esperaba atraer artesanos que abrieran negocios y llevaran a sus familias al pueblo; sin embargo, Villa de Branciforte solo tenía hombres que no trabajaban, tomaban alcohol, jugaban a las cartas y peleaban. De hecho, construyeron una pista de carreras. Los pobladores usaban el dinero para tratar de atraer a los *ohlone* y alejarlos de la misión, de modo de poder usarlos como trabajadores en sus construcciones o en sus campos. También se apoderaron de algunas tierras de pastoreo de los *ohlone*, lo que despertó su ira.

Los frailes estaban enojados de que Villa de Branciforte se hubiese construido tan cerca de su misión. Se suponía que las poblaciones no se construirían a menos de siete millas de las misiones; pero este pueblo estaba tan solo al otro lado del río. Los frailes entendían que los pobladores indisciplinados eran una mala influencia para los neófitos de la Misión de la Santa Cruz.

Villa de Branciforte sufrió muchos problemas y finalmente desapareció. Los otros siete pueblos y presidios sobrevivieron hasta ser reconocidos por los Estados Unidos.

LA HUIDA DE LOS NEÓFITOS

La Misión de la Santa Cruz fue la más pequeña de las misiones de California; y llegó, en su mejor momento, a tener 523 neófitos. No obstante, en 1797, fuertes lluvias destruyeron parte de la iglesia y dañaron otras edificaciones. Había que hacer mucho trabajo para realizar las reparaciones. Para ese momento, muchos neófitos estaban cansados de trabajar en la misión. Extrañaban la libertad de su antigua vida en las aldeas. Así que ese año, escaparon 138 de ellos. Algunos lograron esconderse de los soldados que fueron enviados a buscarlos; pero 90 *ohlone* fueron capturados, castigados y obligados a regresar al trabajo.

En 1798, se escaparon más neófitos; y quedaron en la misión solo alrededor de 35. Los frailes estaban consternados. Los terrenos de la misión se inundaban, el ganado se moría y, para rematar, ese año una ballena muerta terminó en la orilla de la playa, lo que atrajo un número inusualmente alto de lobos y osos que constituían una amenaza para los animales de granja de la zona. La Misión de la Santa Cruz, cuyos inicios habían sido tan prometedores, nunca se recuperó completamente de los contratiempos sufridos durante esa época.

Los nativos que se habían marchado de la misión enfrentaron muchas dificultades y no pudieron regresar a su antiguo estilo de vida.

6
La vida diaria en la Misión de Santa Cruz

UNA VIDA CON NORMAS

La manera de vivir de los *ohlone* cambiaba cuando se unían a la misión. Una vez bautizados, los neófitos no podían practicar ninguna religión que no fuese el catolicismo, ni tampoco la creencia que habían profesado durante toda su vida.

La vida religiosa, según la practicaban los franciscanos y otras órdenes católicas, se regía por un conjunto de normas. Los frailes les imponían normas a los neófitos, y los obligaban a seguir un horario estricto. No está claro si muchos de los nativos americanos

Todos los que vivían en las misiones debían seguir un horario estricto de oraciones y trabajo arduo.

comprendieron estas condiciones antes de aceptar el bautismo.

Los neófitos nunca podían salir de la misión sin permiso. De acuerdo con las costumbres españolas, se encerraba a las mujeres en sus habitaciones por la noche. Los neófitos que no hicieran su trabajo eran golpeados, les colocaban grilletes o los encarcelaban.

Las mujeres solteras y las niñas de más de once años vivían juntas en la misión, en un lugar llamado monjerío, donde realizaban buena parte de su trabajo. Las familias y los hombres solteros habitaban en viviendas que estaban al lado de la misión, llamadas rancherías.

Una vida estructurada

Un día normal en la Misión de la Santa Cruz seguía este horario:

6:00 a. m.	Las campanas de la misión sonaban para despertar a todos los que vivían allí y en las rancherías.
6:01 a. m.	Hora de rezar.
6:30 a. m.	Desayuno.
7:00 a. m.	Sonaban las campanas para que todos fueran a trabajar.
12:00 p. m.	Almuerzo.
1:00 p. m.	Un período de descanso, llamado siesta.
3:00 p. m.	Todos regresaban al trabajo.
5:00 p. m.	Cena.
6:00 p. m.	Oraciones vespertinas.
7:00 p. m.	Tiempo libre.
8:00 p. m.	Hora de ir a dormir para las mujeres.
9:00 p. m.	Hora de ir a dormir para los hombres.

CAMBIOS EN LA MANERA DE VIVIR

Cuando los indígenas de California se unían a la misión, debían renunciar por completo a su manera de vivir. Había tanta abundancia de alimentos en la zona que los *ohlone* solo tenían que recolectarlos para comer; pero en la misión, se enseñó a los hombres *ohlone* a trabajar la tierra y sembrar sus alimentos, lo que cambió su dieta.

Siendo nómadas, los *ohlone* se habían mudado de un lugar a otro y habitaban en viviendas provisionales; pero en la misión, tuvieron que vivir en un solo lugar, en casas más permanentes. Se enseñó a los

Muchas cosas cambiaron para los nativos que vivían en la misión: fueron educados de acuerdo con las normas españolas y recibieron alimentos y vestimenta diferentes.

hombres a construir, hacer trabajos de herrería, y a fabricar artículos de cuero y herramientas, aunque su gente había sobrevivido durante siglos sin estos oficios.

Los frailes también obligaron a los indígenas a cambiar su manera de vestir, porque les incomodaba la poca ropa que usaban. Les ordenaron vestirse como lo hacían los españoles.

Los frailes les enseñaron a las mujeres a tejer telas, hilar y coser, de modo que pudiesen confeccionar el nuevo tipo de ropa. Las mujeres también preparaban los alimentos, y hacían jabón y velas.

Se encargó a la cercana Misión de San Carlos Borromeo piedras grandes y se construyó un molino, que a finales de 1798, ya estaba en funcionamiento. Este molino revistió gran importancia, porque las personas de la misión pudieron moler su propio maíz y hacer harina. Fue un gran progreso en comparación con el método empleado por los nativos, que usaban un mortero. No obstante, dejaron de moler las bellotas.

En 1794, se construyó un granero para almacenar los granos, y habitaciones para tejer. Las cosechas eran abundantes gracias a que el suelo era fértil. Ese año, los misioneros de la Misión de Santa Cruz registraron haber cosechado en la misión 600 fanegas de maíz, 60 de frijoles y 1,200 de granos. Sus cosechas eran tan abundantes que incluso tenían cantidades adicionales para enviar a otras misiones, incluyendo a la Misión de San Carlos Borromeo.

Los hombres dejaron de cazar y de pescar; y en cambio, atendían el ganado, que estaba saludable y tenía mucha hierba para comer. La Misión de Santa Cruz tenía una de las manadas de ganado y una de las producciones agrícolas más pequeñas de todas las misiones. La más grande de las misiones, la Misión de San Luis Rey de Francia, contaba con 57,380 cabezas de reses y ovejas; y había producido 411,000 fanegas de grano y productos alimenticios para 1832. En contraste, en 1832, la Misión de la Santa Cruz tenía una manada de solo 9,236, y había producido solo 75,000 fanegas de grano y productos alimenticios.

Los frailes impartían estudios religiosos a los niños. También les enseñaban música a los neófitos más brillantes; les enseñaban a tocar instrumentos como el violín, la flauta, la trompa y el arpa. Los frailes supervisaban todo el trabajo de los neófitos; y hacían todo lo que podían para asegurarse de que no huyeran de la Misión de la Santa Cruz.

En la misión, las mujeres tejían cestas, mientras que los hombres cuidaban el ganado y trabajaban en las construcciones, y los niños ayudaban en lo que podían.

7
El comienzo del fin

LA PRIMERA AUTOPSIA DE CALIFORNIA

La misión, que había sufrido daños en 1797, estuvo en mal estado por años. Una razón de ello fue que había pocos neófitos que hicieran el trabajo, ya que muchos se habían marchado por la crueldad y las malas condiciones existentes. Un visitante de la Misión de San Carlos Borromeo, Jean-François de la Pérouse, escribió en su diario, en 1786, que las condiciones de vida le recordaban a las colonias de esclavos del Caribe. Describió a hombres y mujeres castigados con grilletes y cepos, y escribió que había presenciado cómo eran azotados.

Algunos de los frailes de Santa Cruz eran conocidos por sus rudos castigos. Se decía que azotaban a los neófitos por acciones menores, como haber olvidado sus oraciones o trabajar muy lentamente. Eran muy severos con los fugitivos que capturaban. Además del grupo grande de fugitivos de 1798, 50 neófitos más se fugaron en 1809, y 104 escaparon en 1819. El último grupo en escapar fue de la tribu *yokut*, a quienes los frailes habían llevado a la misión contra su voluntad.

Los frailes les pidieron a los soldados que los ayudaran a reconstruir la misión, que había sufrido daños. Hacia 1810, ya se había construido un monjerío de gran tamaño, con dos alas para las mujeres y las niñas.

El 12 de octubre de 1812, uno de los frailes de la misión, fray Quintana, fue hallado muerto en su cama. Había estado enfermo por cierto tiempo, de modo que al principio se creyó que había fallecido por causas naturales; pero dos años más tarde, comenzó a correr el rumor de que fray Quintana, quien no era del agrado de muchos, había sido asesinado. Se lo conocía por ser cruel y azotar a los neófitos con látigos que tenían puntas de metal. Su crueldad había hecho que algunos neófitos dejaran de hablar español y trabajar.

Se inició una nueva investigación del caso. La autopsia de fray Quintana fue la primera que se realizó en California; y determinó que el fraile había sido estrangulado o asfixiado. Se cree que habían sacado de la cama al fraile para que ayudara a un enfermo en el huerto; pero allí fue rodeado por algunos neófitos que lo asesinaron. Nueve neófitos fueron capturados y culpados del asesinato, de los cuales cinco fueron sentenciados a 200 latigazos y a trabajar encadenados durante diez años, y los otros cuatro murieron en prisión. El caso y el castigo a los neófitos mellaron aún más la relación entre los frailes y los *ohlone*.

TRAICIONADO POR SU PROPIA GENTE

En 1818, el corsario Hipólito Bouchard asaltó el presidio en Monterrey. Bouchard y su tripulación robaron muchos objetos de valor y quemaron edificaciones del lugar. Se temía que siguiera hacia la Misión de la Santa Cruz. Así que, el 21 de noviembre de 1818, el gobernador de Sola, Alta California, ordenó a los frailes de la Misión de la Santa Cruz que evacuaran a todas las personas que estaban allí. Fray Ramón Olbés y todos los neófitos se fueron a la Misión de Santa Clara de Asís por su seguridad.

El gobernador de Sola solicitó a las autoridades de Villa de Branciforte que empacaran los objetos valiosos de la misión, mientras que los frailes y los **neófitos** no estuvieran allí. Quería asegurarse de que las costosas posesiones no cayeran en manos de los corsarios.

Pero en lugar de salvaguardar los objetos de valor, la gente de Villa

A pesar de las dificultades, aún se esperaba que los neófitos asistieran a la misa.

de Branciforte los robaron. Saquearon y prendieron fuego a algunas de las edificaciones de la misión, e incluso destruyeron algunos objetos sagrados de la iglesia. El pirata Bouchard nunca llegó a la Misión de la Santa Cruz.

ENFERMEDADES

Fray Olbés, quien había llegado en 1818, estaba muy desanimado por los acontecimientos de la Misión de la Santa Cruz. Después del saqueo, amenazó con abandonar la misión para siempre; pero aceptó quedarse cuando capturaron y castigaron a algunos de los saqueadores de Villa de Branciforte.

No obstante, la Misión de la Santa Cruz continuó padeciendo serios problemas. Fray Olbés era muy cruel y los neófitos no confiaban en él. Se creía que incluso ordenaba castigos severos a los niños.

Además, las enfermedades traídas de Europa estaban matando también a los neófitos. Los indígenas de California nunca antes habían estado expuestos a enfermedades como el sarampión, las paperas o la escarlatina, por lo que sus organismos no podían combatirlas. Los frailes trataron de hallar alguna cura, pero fue inútil. Ni siquiera los chamanes pudieron ayudar a su gente. La población *ohlone* en la Misión de la Santa Cruz se vio afectada con mayor fuerza por una epidemia de viruela; y muchos neófitos que no se habían enfermado

La población de todas las misiones se vio afectada por enfermedades como la viruela y el sarampión; y muchas personas fallecieron.

tenían miedo de contagiarse la enfermedad mortal y huyeron de la misión. A las enfermedades se le atribuyó hasta el 60% de las muertes de la población de neófitos de las misiones de Alta California.

Para reemplazar a los neófitos *ohlone* que habían muerto, los misioneros de Santa Cruz buscaron otras tribus indígenas donde reclutar nuevos miembros. Se encontraron con los *yokut*, pero estos no estaban interesados en unírseles. Sin embargo, los misioneros los llevaron a la Misión de Santa Cruz por la fuerza. En 1819, huyeron de la misión 104 neófitos de la tribu *yokut*.

8
Secularización

NUEVOS GOBERNANTES, NUEVAS NORMAS

Nueva España obtuvo su independencia de España en 1821 y cambió su nombre a México.

Por ese entonces, las misiones controlaban más de un tercio de las tierras de Alta California y albergaban alrededor de 30,000 habitantes. No obstante, se estaban mudando tantos pobladores a la región que dejó de ser necesario el sistema de misiones. Estos nuevos pobladores también deseaban el control de esas tierras.

El Gobierno mexicano decidió **secularizar** las misiones y en 1833 aprobó la Ley de Secularización. Esto implicó quitarle a la Iglesia católica valiosas tierras y ganado; además, las iglesias ahora no serían dirigidas por misioneros, sino por curas. Estos no podían ya establecer reglas para los indígenas de California, como los *ohlone*.

La Misión de la Santa Cruz fue una de las primeras que se secularizó. Les dijeron a los neófitos *ohlone* que podían irse de la misión, y que se les entregarían ganado y tierras; pero pronto fueron engañados y esas tierras se les concedieron a granjeros y pobladores.

Los franciscanos llegaron a Alta California con las mejores intenciones, pero no lograron sus objetivos por varias razones. Una de ellas fue que los nativos americanos necesitaban más de diez años para adaptarse a las costumbres españolas. Sin embargo, la razón más importante fue el contagio de las enfermedades europeas, que cobraron tantas vidas indígenas. Antes de que los españoles llegaran a Alta California, se calculaba que había 300,000 habitantes nativos; pero los registros muestran que, hacia 1834, el número ya había caído a 20,000. A diferencia de otras regiones, un gran número de indígenas de California no fue asesinado durante la guerra.

Para el momento de la **secularización**, los *ohlone* habían vivido en la misión demasiado tiempo como para regresar a sus antiguos estilos de vida. Sus aldeas y su cultura ya no existían, ni tampoco la organización social que los había ayudado a sobrevivir durante siglos. Muchos de los que habían sido neófitos aún necesitaban la guía de los frailes; pero estos habían sido expulsados por el Gobierno mexicano.

Después de la secularización, la Misión de la Santa Cruz fue abandonada y muchas edificaciones quedaron en ruinas.

Una epidemia de viruela redujo la población de los nativos, que habitaban en las proximidades de la Misión de la Santa Cruz, de 300 personas en 1832, a 71 personas en 1839. El resto de los *ohlone* trató de vivir en las pequeñas parcelas de tierra que habían quedado, pero finalmente fueron expulsados por los nuevos pobladores.

Lorenzo Asisara, un *ohlone* nacido en la Misión de la Santa Cruz en 1820, afirmó en una entrevista, años más tarde, que los funcionarios mexicanos se apropiaron de todo; y solo algunos de los que habían sido neófitos recibieron tierras.

9
La misión sigue viva hoy

ESTADOS UNIDOS TOMA EL CONTROL DE CALIFORNIA

Estados Unidos estuvo en guerra con México por el territorio de Alta California. La ganó en 1848, y California se convirtió en el estado número treinta y uno de la Unión, en 1850. En 1859, el Presidente James Buchanan devolvió la Misión de Santa Cruz a la Iglesia católica; y en 1863, el Presidente Abraham Lincoln firmó una ley que establecía que las veintiuna misiones de California eran nuevamente propiedad de la Iglesia católica.

Sin los frailes, las edificaciones de la misión fueron relegadas al olvido y destruidas aún más por los pobladores, quienes robaron las tejas de los techos y las vigas de madera para construir sus viviendas. Sin techos que las protegieran, las misiones hechas de adobe se desvanecieron con la lluvia.

En 1840, un terremoto derrumbó el campanario de la Misión de Santa Cruz. En 1835, la Misión albergaba entre nueve y diez campanas que tenían un valor de $3,500, el más alto de todas las misiones. Todas las campanas fueron robadas. En 1857, otro terremoto derrumbó toda la iglesia.

En 1858 se construyó una iglesia de madera en la Misión de Santa Cruz que fue reemplazada finalmente en 1889 por una estructura

La iglesia de Santa Cruz es parte del legado perdurable del sistema de misiones de California.

de ladrillo que sigue en uso en la actualidad. Se llama Parroquia de Santa Cruz.

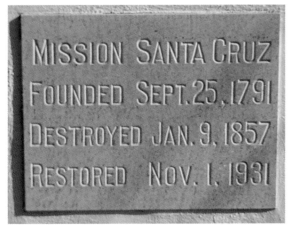

Una placa que conmemora la historia de la Misión de la Santa Cruz.

En 1931, se construyó cerca del lugar inicial una versión más pequeña, un tercio de su tamaño, de la primera iglesia de la Misión de Santa Cruz. Se hizo el modelo a partir de los planos y dibujos de la iglesia original. Aunque los terremotos destruyeron la mayoría de los objetos de la misión, algunos sobrevivieron. Existe un ala adjunta a la iglesia que los resguarda. Se conservan una pintura de 1797 de Nuestra Señora de Guadalupe y algunas vestiduras (ropa y accesorios usados por los frailes en las misas).

La iglesia de la misión es comúnmente escogida para celebrar matrimonios católicos.

Una pequeña edificación de adobe en la cercanía, construida por los *yokuts* en 1824 como habitaciones para los neófitos, es la única vivienda de la misión que permanece en pie en California. Esta edificación se convirtió en la oficina central del *State Historic Park* de la Misión de Santa Cruz. 200 años después de la construcción de la misión, en 1991, se inauguró un museo en su interior para mostrar a las personas cómo se vivía en la misión.

Hoy, el museo recibe visitantes y ofrece muchas actividades, como charlas, actividades para fabricar velas y educación sobre la historia de California. Algunos días es posible hallar voluntarios vestidos como personas de la época de la Misión. En general, es un excelente lugar para visitar.

10
Haz una maqueta de la misión

Para hacer tu propia maqueta de la Misión de Santa Cruz, necesitarás:

- láminas de cera de abejas (en una tienda de manualidades)
- cartón
- cartón corrugado
- pega blanca
- cinta adhesiva
- campana miniatura dorada
- regla
- mondadientes
- pintura blanca
- malla metálica
- paletas de helado
- cuchilla (pide la ayuda de un adulto)

INSTRUCCIONES

Se sugiere la supervisión de un adulto.

Paso 1: Utiliza un trozo de cartón de mínimo 20"× 15" (50.8 cm × 38.1 cm) para tu base.

20"

15"

Paso 2: Para el campanario, corta cuatro trozos de cartón que mida cada uno 8"× 2" (20.3 cm × 5.1 cm). Pega cada pieza a la base, de modo que los bordes formen un cubo.

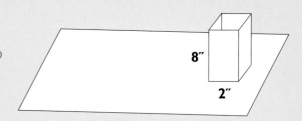

Paso 3: Corta un trozo de cartón que mida 2"× 2" (5.1 cm × 5.1 cm), y pégalo sobre la torre. Luego, corta cuatro trozos de cartón que mida cada uno 2"×1.5" (5.1 cm × 3.8 cm). Corta un arco en cada pieza.

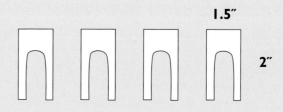

Paso 4: Pega estas piezas, una por una, sobre el tope de tu torre para formar un cuadrado. Déjalas secar. Coloca la campana en un mondadientes y pega este entre dos arcos.

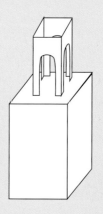

Paso 5: Corta dos trozos de cartón que mida cada uno 6.6"× 8.6" (16.8 cm × 21.8 cm). Estos serán la fachada y la parte posterior de la iglesia.

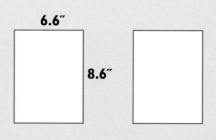

Paso 6: Mide 3" (7.6 cm) de arriba hacia abajo y marca con un lápiz en ambos bordes. Corta en diagonal desde esta marca hasta el punto medio en la parte superior, formando un triángulo.

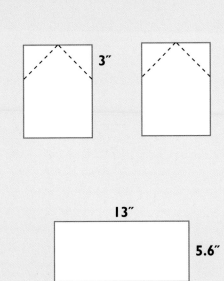

Paso 7: Corta dos trozos de cartón que mida cada uno 5.6"× 13" (14.2 cm × 33 cm) para los laterales de la iglesia. Pega los cuatro lados para formar un cuadrado al lado de la torre. Sostén cada pieza hasta que el pegamento se seque.

Paso 8: Para hacer las habitaciones de los frailes, corta tres trozos de cartón de 3.6"× 10" (9.1 cm × 25.4 cm) para la parte delantera, la posterior y el techo.

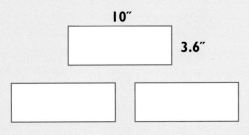

Paso 9: En una de estas piezas, corta una puerta y tres o cuatro ventanas con el exacto. Pega dos mondadientes dentro de la ventana en forma de "t".

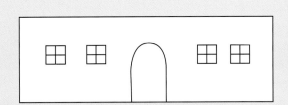

Paso 10: Corta otro trozo de cartón que mida 3.6"× 3.6" (9.1 cm × 9.1 cm). Este es la pared izquierda de la edificación (la iglesia será el costado derecho). Une los costados con cinta.

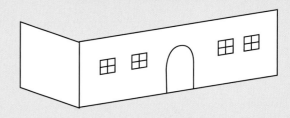

Paso 11: Corta un trozo de la lámina de cera de abejas que mida 9"× 14" (22.9 cm × 35.6 cm). Dobla por la mitad a lo largo y pega en la parte superior de la iglesia. Este es el techo.

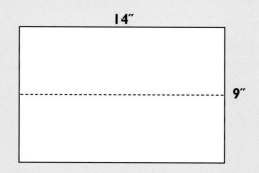

Paso 12: Corta la malla metálica en forma circular con un diámetro de 4" (10.2 cm). Forma media esfera y cubre con un pequeño trozo de cera de abeja. Coloca sobre el tope de la torre. Haz una cruz con dos mondadientes y pégala en la cera de abeja.

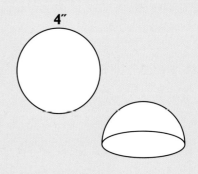

Paso 13: Corta por la mitad, a lo largo, tres paletas de helado. Pega tres por las puntas. Haz lo mismo para las otras tres. Serán el tope y la parte inferior del porche.

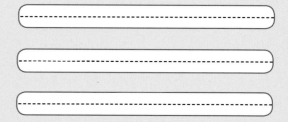

Paso 14: Corta dos paletas de helado por la mitad y luego a lo largo. Pégalas entre las dos tiras largas de paleta. Pégalas con cinta en la parte delantera de las habitaciones de los frailes.

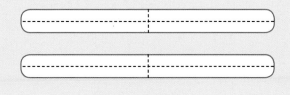

Paso 15: Corta un trozo de cartón corrugado para hacer la puerta de la iglesia. Corta un trozo de la lámina de cera de abeja de 6"× 14.6" (15.2 cm × 37.1 cm) para hacer el techo de las habitaciones de los frailes y pégalo en su lugar. Decora como desees usando flores y árboles miniaturas.

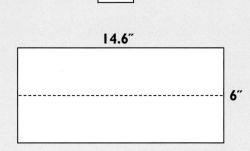

14.6″

6″

Modelo de la Misión de Santa Cruz.

Fechas clave en la historia de las Misiones

1492	Cristóbal Colón llega a las Indias Occidentales
1542	Expedición de Cabrillo a California
1602	Sebastián Vizcaíno navega a California
1713	Nace fray Junípero Serra
1769	Fundación de San Diego de Alcalá
1770	Fundación de San Carlos Borromeo del Río Carmelo
1771	Fundación de San Antonio de Padua y San Gabriel Arcángel
1772	Fundación de San Luis Obispo de Tolosa
1775-76	Fundación de San Juan Capistrano
1776	Fundación de San Francisco de Asís
1776	Se firma la Declaración de Independencia de Estados Unidos

1777	Fundación de Santa Clara de Asís
1782	Fundación de San Buenaventura
1784	Fallece fray Serra
1786	Fundación de Santa Bárbara
1787	Fundación de La Purísima Concepción
1791	Fundación de La Santa Cruz y Nuestra Señora de la Soledad
1797	Fundación de San José, San Juan Bautista, San Miguel Arcángel y San Fernando Rey de España
1798	Fundación de San Luis Rey de Francia
1804	Fundación de Santa Inés
1817	Fundación de San Rafael Arcángel
1823	Fundación de San Francisco Solano
1833	México aprueba la Ley de Secularización
1848	Se encuentra oro en el norte de California
1850	California se convierte en el trigésimo primer estado

Glosario

adobe: Ladrillos hechos de paja, lodo, y algunas veces estiércol, que se secan al sol.

Alta California: La región de la cadena de misiones. Conocida hoy en día como el estado de California.

bautismo: Un sacramento, que se caracteriza por el uso ritual de agua, que convierte a una persona en miembro de una comunidad cristiana y limpia sus pecados.

chamán: Líder espiritual de los de los indígenas de América que, se creía, tenía el poder de curar las enfermedades usando la medicina, el baile y la oración.

colonización: Cuando las personas de una parte del mundo pueblan otra región.

convertir/se: Cambiar de creencias religiosas.

cristianismo: Religión que sigue las enseñanzas de Jesucristo y la Biblia.

frailes: Hermano de una orden religiosa comunitaria. Los frailes también pueden ser sacerdotes.

franciscano: Miembro de una orden religiosa católica iniciada por San Francisco de Asís, en 1209.

indígenas: Nativos o pobladores originarios de una región o ambiente particular.

misa: Acto central de veneración en la Iglesia católica.

misioneros: Hombres y mujeres que enseñan su religión a las personas que tienen creencias diferentes.

neófito: Una persona que se ha convertido a otra religión, del griego "converso reciente".

Nueva España: El área donde los colonizadores españoles tenían su capital en América del Norte; y que luego se convertiría en México.

presidio: Un fuerte militar construido cerca de una misión.

secularización: Un proceso mediante el cual se cambia el uso de las tierras de las misiones a uno no religioso.

virrey: Un funcionario que gobierna en representación del rey.

Guía de pronunciación

fray (FRAY)

monjerío (mohn-hay-REE-oh)

ohlone (oh-LOH-nee)

pueblo (PWAY-bloh)

rancherías (rahn-cheh-REE-ahs)

siesta (see-EHS-tah)

temazcal (teh-mahz-KAL)

Para mayor información

Para conocer más sobre las misiones de California, consulta estos libros, vídeos y páginas web:

LIBROS

Abbink, Emily. *Monterey Bay Area Missions*. Minneapolis, MN: Lerner Publishing, 2008.

Kalman, Bobbie. *Life of the California Coast Nations*. New York, NY: Crabtree Publications, 2004.

Levick, Melba, Stanley Young and Sally B. Woodbridge. *The Missions of California*. San Francisco, CA: Chronicle Books, 2004.

Weber, Francis J. *Blessed Fray Junípero Serra: An Outstanding California Hero*. Bowling Green, MO: Editions Du Signe, 2008.

VÍDEOS

California Missions
www.teachertube.com/viewVideo.php?video_id=19731

Junípero Serra and the California Missions Primera parte
www.youtube.com/watch?v=svj7yO_EOIM

Junípero Serra and the California Missions Segunda parte
www.youtube.com/watch?v=6VMx27z8nfY

Esta serie de dos capítulos presenta imágenes de fray Serra, mapas detallados y paisajes de muchas de las misiones que fundó. Puedes hallarlo en la biblioteca de tu área. Puedes hacer tu pedido llamando a 1-800-876-CHIP.

SITIOS DE INTERNET

California Missions Foundation
www.californiamissionsfoundation.org
Esta página web presenta acontecimientos, de forma breve y sencilla, para cada misión y esboza el grupo que mantiene las misiones como parte de la historia de California.

California Missions Resource Center
www.missionscalifornia.com
Esta página web ofrece una cantidad importante de recursos sobre las misiones de California.

The Journal of San Diego History
www.sandiegohistory.org/journal/69fall/struggle.htm
Es una página web que contiene artículos que abordan muchos aspectos del sistema de misiones de California y de las personas que participaron en él.

Cabrillo College Article – Introducción a los nativos de California
www.cabrillo.edu/~crsmith/anth6_mexicanperiod.html
Este artículo explica cómo los nativos de California vivieron e interactuaron con los españoles.

Índice

Los números de página en **negrilla** corresponden a ilustraciones.